ISAAK-KATHEDRALE

Auf dem linken Newaufer erhebt sich zwischen dem Isaak- und dem Dekabristenplatz das Gebäude der Isaak-Kathedrale. Ihre vergoldete Kuppel, die bereits am Stadtrand auszumachen ist, gehört zu den wichtigsten Dominanten von St. Petersburg. Früher tönte die mächtige Stimme der großen Glocke der Hauptkirche Rußlands und der silberne Klang der kleineren Glocken bis in die Vorstädte und weit in den Finnischen Meerbusen hinaus.

Unter den Kuppelkirchen der Welt nimmt die Isaak-Kathedrale die vierte Stelle ein. Nur der Petersdom in Rom, die Londoner St. Paul's Cathedral und Santa Maria del Fiore in Florenz sind größer. Bis heute erstaunen die Maße der Isaak-Kathedrale: sie ist 101,5 Meter hoch, 111,3 Meter lang (einschließlich Säulenhallen) und 97,6 Meter breit. Im Innern hat die Kuppel einen Durchmesser von 21,8 Metern, außen beträgt er 25,8 Meter. Das Gebäude umlaufen 112 Monolith-Säulen, die der Säulenhallen sind 17 Meter hoch und 114 Tonnen schwer. Die Kathedrale kann bis zu 14000 Menschen fassen.

Projektiert wurde die Kirche von Auguste Montferrand, einem bemerkenswerten Baumeister der ersten Hälfte des 19. Jahrhunderts. Sein Leben und seine Arbeit sind eng mit Rußland verknüpft, wohin er im Alter von 30 Jahren aus Frankreich übersiedelte. Hier machte er sehr schnell eine schwindelerregende Karriere. Zu Montferrands wichtigen Arbeiten zählt das Haus von Lobanow-Rostowki auf dem Isaak-Platz und die Alexandersäule auf dem Schloßplatz. Weltruhm erlangte der Architekt jedoch mit der Isaak-Kathedrale. Die Projektierungs- und Bauarbeiten zogen sich von 1817 bis 1858 hin. Montferrand starb einen Monat nach Eröffnung der Kathedrale. Schon lange vorher hatte der Architekt den

1. Blick auf die Isaak-Kathedrale von der Manege der Kavalleriegarde

2

Wunsch geäußert, nach europäischem Brauch in der von ihm erbauten Kirche beigesetzt zu werden, doch dem wurde nicht entsprochen.

Die Isaak-Kathedrale wurde zu Ehren des byzantinischen Mönchs und Heiligen Isaak von Dalmatien benannt, an dessen Namenstag, dem 30. Mai, Peter I., der Gründer von St. Petersburg, geboren wurde. Diesen Namen hatten auch die drei davor an dieser Stelle stehenden Kirchen gehabt. Die erste davon war aus Holz und stand an der Stelle auf der Admiralitäts-Wiese, wo sich heute der Springbrunnen befindet. Hier wurden Peter I. und Katharina 1712 öffentlich getraut. Die zweite, steinerne Kirche wurde auf dem heutigen Dekabristenplatz errichtet. Peter I. selbst hatte 1717 den Grundstein gelegt. Die Kirche wurde nach einem Feuer schon bald abgerissen. Auf Befehl Katharinas II. begann man weiter weg von der Newa, am heutigen Isaak-Platz, mit dem Bau einer neuen Isaak-Kathedrale. Sie entstand nach dem Entwurf von Antonio Rinaldi; nach den erhalten gebliebenen Zeichnungen und Modellen zu schließen, hätte sie sein bestes Bauwerk werden können. Die Arbeiten begannen 1768, aber am Ende des Jahrhunderts war die Kirche immer noch nicht vollendet. Der für ihre Ausgestaltung vorgesehene mehrfarbige Marmor wurde beim Bau der Residenz für Paul I. verwandt, weshalb der obere Teil der Kirche mit Ziegeln ausgelegt wurde. Das Aussehen des Gebäudes ließ sehr viel zu wünschen übrig, so daß 1809 und 1813 Wettbewerbe zum Umbau der Kirche und der Umgestaltung des umliegenden städtischen Raums ausgeschrieben wurden. Obwohl die besten russischen Architekten ihre Entwürfe vorlegten, wies Alexander I., der einen Großteil des bereits fertigen Gebäudes erhalten wollte

4

2. Die erste Isaak-Kirche. 1845. Lithographie nach einer Zeichnung von A. Montferrand

3. Entwurf von A. Rinaldi zur dritten Isaak-Kirche. 1845. Lithographie nach einer Zeichnung von A. Montferrand

4. A. Foletti. Büste von A. Montferrand. 1857. Befindet sich am südwestlichen Hauptpfeiler der Issak-Kathedrale

5

6

sie alle zurück. Der Kaiser wandte sich mit der Bitte an den einflußreichen Bauingenieur Graf Betancourt, ihm einen Baumeister für solch eine grandiose Aufgabe zu empfehlen. Betancourt, der die in den ersten Regierungsjahren Alexanders I. einberufene Kommission für Bauwesen und hydraulische Arbeiten leitete, wies auf seinen Protegé Montferrand hin, der wiederum 24 erstklassige Zeichnungen anfertigte, die die künftige Kathedrale in verschiedenen architektonischen Stilen zeigten. Die Reaktion des Kaisers war ausnehmend positiv – Montferrand wurde zum »kaiserlichen Architekten« ernannt, und ihm wurde die Ausarbeitung des Projekts zum Umbau der Isaak-Kathedrale angetragen. Der erste von Montferrand vorgestellte Entwurf wurde von höchster Stelle 1818 abgesegnet, der letzte (und wesentlich umgearbeitete) 1825. Die Erdarbeiten hatte man zu Frühlingsbeginn 1818 aufgenommen und

7

8

5. Die Isaak-Kathedrale in Gerüsten. 1845. Lithographie nach einer Zeichnung von A. Montferrand

6. W. Sadownikow. Ansicht des Isaak-Platzes von der Malaja-Morskaja-Straße. 1841. Aquarell

7. W. Sadownikow. Ansicht der Isaak-Kathedrale und des Platzes. 1840er Jahre. Aquarell

8. W. Sadownikow. Parade des Kavallerie-Regiments der Leibgarde. 1840er Jahre. Aquarell

ununterbrochen (auch im Winter) fortgesetzt. Am 26. Juni 1819 fand die feierliche Grundsteinlegung statt.

Am Bau der Isaak-Kathedrale wurden größtenteils Leibeigene und Staatsbauern eingesetzt. Sie mußten 13–16 Stunden pro Tag arbeiten, auch an Sonn- und Feiertagen. Unter diesen Bedingungen kam es oft zu Unfällen. Besonders gefährlich war die Arbeit der Vergolder: sie trugen eine Quecksilber- und Goldlösung auf Kupferbleche auf; danach wurden die Bleche unter Feuer erhitzt, worauf das Quecksilber verdampfte. Dann wurde das feine Blattgold auf die Kupferplatten aufgetragen. Auf Grundlage von Archivdokumenten kann man annehmen, daß ein Viertel der 400.000 Arbeiter an Krankheiten oder Verletzungen starb.

Wegen des sumpfigen Petersburger Bodens war Montferrand besonders um ein festes Fundament besorgt, wofür unzählige, mehr als sechs Meter lange Kieferpfähle in die Erde gerammt wurden. Zeitgleich wurde in Finnland und im Gouvernement Olonezk Granit zur Anfertigung der Monolith-Säulen für die Säulenhallen und die Verkleidung der Mauern der Kathedrale gewonnen.

Der Bau war ein Ereignis im Leben der Hauptstadt, und sein Fortgang wurde von Menschen aller Stände mit Neugier verfolgt. Besonders eindrucksvoll war der Moment, als die riesigen Granitmonolithen von den Barken am Newaufer abgeladen wurden. Auf außergewöhnliches Interesse stieß die Aufrichtung der ersten Säule, die an der Ostecke des Nordportikus zu Stehen kam. Dies ereignete sich im März 1828 in Anwesenheit der Kaiserfamilie und unter einem großen Volksauflauf. Die riesige Säule wurde innerhalb von 45 Minuten aufgerichtet und an ihrem Platz montiert.

Aufgrund der Schwierigkeiten beim Aufrichten der Säulen begann man erst nach Beendigung des Baus der Säulenhallen mit dem Hochziehen der Mauern. Sie sind aus Ziegelsteinen gelegt, in deren Reihen zur größeren Festigkeit Steinschichten eingelassen wurden. Von innen und von außen wurden an

9. Isaak-Platz

9

ХРАМЪ МОЙ ХРАМЪ МОЛИТВЫ НАРЕЧЕТСЯ.

10

den Mauern mittels Metallklammern Marmorplatten als Verkleidung befestigt.

Obwohl Montferrand das Aussehen der Säulenhallen der antiken Baukunst entlehnte, entsprach ihre Ausführung den modernsten bautechnischen Anforderungen – statt Gewölben aus Ziegelsteinen wurden leichte Metallkonstruktionen verwandt, die die Belastung der Säulen und Mauern erheblich verringerten. Eine besondere Neuerung war die Konstruktion der Hauptkuppel. Sie besteht aus drei ineinander verquickten Metallschalen, die weitaus weniger als eine aus Ziegelsteinen konstruierte Kuppel wiegen. Diese Lösung war nicht nur verläßlich in ingenieurtechnischer Hinsicht, sondern zudem sehr sparsam.

10. P. Lemáire. Christi Auferstehung. 1841–1844. Hochrelief im Giebel der nördlichen Säulenhalle. Bronze

11. I. Vitali. Der Evangelist Markus. 1842–1844. Statue auf dem Giebel der westlichen Säulenhalle. Bronze. Höhe 3,5 Meter

12. Detail der Fassade

13. Westliche Säulenhalle

12

11

ЦАРЮ ЦАРСТВУЮЩИХЪ

14

Die Zeit, die beim Bau der Isaak-Kathedrale verging, stellt eine ganze Epoche in der Entwicklung der russischen Architektur und im Ingenieurwesen dar. Der Baubeginn fiel in die Blütezeit des Klassizismus. Die Architekten orientierten sich an der Kultur der Antike und verwandten Motive aus dem alten Griechenland, aus Rom und dem Zeitalter der italienischen Renaissance. Allmählich wandelten sich die ästhetischen Prinzipien. Um der Architektur größere dekorative Ausdruckskraft zu verleihen, begannen die Baumeister, ihren Werken die Züge und Verfahren anderer Stilepochen zu verleihen. Die Isaak-Kathedrale als bestes Beispiel für den russischen Spätklassizismus vereinigt in sich alle Strömungen und Tendenzen ihrer Zeit. Hier zog Montferrand die Bilanz des hohen Klassizismus und eröffnete mit dem Eklektizismus eine neue Epoche der russischen Architektur.

Die Isaak-Kathedrale hat – in Übereinstimmung mit dem griechischen, von den orthodoxen Baumeistern übernommenen Kanon – einen kreuzförmigen Grundriß. Sein kompaktes rechteckiges Hauptvolumen wird von einer Kuppel mit einem achtflächigen Turm auf der Spitze der hohen Trommel gekrönt. Die vier Glockentürme erleichtern den visuellen Übergang von der zentralen Kuppel zum Hauptvolumen der Kirche. Die Mittelkuppel und die kleinen Aufsätze der Glockentürme bilden die in der russischen Kirchenarchitektur typische Fünf-Kuppel-Konstruktion. Die an den Fassaden

14, 15. Blick auf die Stadt vom Dach der Isaak-Kathedrale

16, 17. Dekabristen-Platz

15

16

7

18

hervorspringenden Säulenhallen korinthischer Ordnung verleihen dem Gotteshaus Festlichkeit und Majestät. Die gleichmäßigen Flächen der Mauern werden von großen Bogenfenstern mit massiven Einfassungen durchbrochen, die Ecken des Gebäudes sind mit Pilastern geschmückt.

In der Innenausstattung der Kathedrale finden sich Spuren des künstlerischen Erbes von Renaissance und Barock, was besonders deutlich im Überfluß an Dekor zum Ausdruck kommt. Ungeachtet einer gewissen Überladenheit an Plastiken, folgt ihre Koordiniertheit mit den architektonischen Formen zweifellos der Lehre des Klassizismus von der Synthese dieser beiden Kunstarten. Die grandiose Sammlung an monumentaler dekorativer Skulptur in der Isaak-Kathedrale ist die gebührende Fortsetzung der Traditionen der Petersburger Schule monumentaler Plastik aus der zweiten Hälfte des 18. bis Anfang des 19. Jahrhunderts.

Der allgemeine, mit der Aufgliederung des Gebäudes übereinstimmende Entwurf zur Anordnung der Standbilder stammt von Auguste Montferrand. Geschaffen wurden die Skulpturen von Iwan Vitali, Peter Klodt, Alexander Loganowski u.a. Die Kathedrale besitzt 350 Standbilder und Reliefs. Viele davon sind aus Bronze, der Großteil wurde mit dem galvanoplastischen Verfahren gefertigt, das von dem Akademiemitglied Boris Jakobi erfunden und erstmals in der Isaak-Kathedrale angewandt worden war. Solch eine aus dünnem Kupfer hergestellte und innen hohle Skulptur konnte dank ihrem geringem Gewicht in großer Höhe angebracht werden. Hauptsache war jedoch, daß die Galvanoplastik äußerst genau die Form und jedes kleinste Detail bewahrte.

Im Skulpturen-Dekor sind die Hochreliefs auf den Giebeln der vier Säulenhallen inhaltlich am bedeutendsten. Zwei davon stammen von dem Franzosen Philippe Lemáire. Den Nordgiebel schmückt die Komposition »Christi Auferstehung«, der Ostgiebel trägt Szenen aus der Vita des Isaak von Dalmatien. Diese meisterhaft ausgeführten Reliefs bleiben dennoch hinter den ausgezeichneten Arbeiten des russischen Bildhauers Iwan Vitali zurück. Die Kompositionen »Die Anbetung der Könige« auf dem Südgiebel und »Der Heilige Isaak segnet Kaiser Theodosius und seine Gattin Flaxilla« auf dem westlichen Hauptgiebel sind in ihrer rhythmischen Ausgeglichenheit kaum zu überbieten. Im zweiten Werk tragen drei Figuren die porträthaften Züge des Präsidenten der Akademie der Künste Alexej Olenin, von Fürst Pjotr Wolkonski und Auguste Montferrand. Nicht weniger interessant sind die anderen Werke Vitalis. An den Ecken der Giebel sind die Apostel dargestellt. Die Silhouetten ihrer monumentalen Figuren mit den nachdenklich gesenkten Köpfen heben sich deutlich gegen den Himmel ab. An der Spitze der Giebel stehen

19

18. Wundertätige Ikone der Gottesmutter von Tichwin

19. Wladimir, Metropolit von Petersburg und Ladoga, bei einem Festgottesdienst

20. Mittelschiff. Blick von der Westtür

22

die Statuen der Evangelisten – Markus mit dem Löwen, Matthäus mit dem Engel, Johannes mit dem Adler und Lukas mit dem Stier. Einzeln stehende Engel mit Leuchtern in den Händen betonen die Ecken des Hauptvolumens der Kathedrale. Sie spielen eine große Rolle im Aussehen des Gebäudes, denn sie verbinden visuell das Dach mit der Kuppeltrommel.

Die von Joseph Hermann geschaffenen Engelsdarstellungen auf der Balustrade der Kuppel sind ebenfalls von großer Bedeutung bei der Synthese von Architektur und Bildhauerei. Ihre rhythmisch angeordneten schlanken Figuren dienen als eine Art Übergang zur Kuppel der Kathedrale.

Die Arbeiten an der Innenausstattung des Gebäudes begannen 1841.

21. Hauptikonostase. 45 x 25 Meter

22. Der hl. Isaak von Dalmatien. 1851–1856. Mosaik im ersten Rang der Hauptikonostase. 4,8 x 2,1 Meter. Nach dem Original von T. Neff

21

23

24

25

26

Die Ausschmückung der Hauptkirche des Kaiserreiches kostete 400 Kilogramm Gold und 1.000 Tonnen Bronze. Zur Verkleidung des architektonischen Teils des Altars wurden 16.000 Kilogramm Malachit und mehr als elf Quadratmeter Lasurstein verbraucht. Böden, Wände und Pylonen wurden mit Porphyr, schwarzem Schiefer und rosa, gelbem und rotem Marmor bedeckt. Nicht zufällig bezeichnete der berühmte russische Mineraloge Alexander

23. Gottesmutter mit dem Kinde. 1851–1856. Mosaik im ersten Rang der Hauptikonostase. 4,8 x 2,1 Meter. Nach dem Original von T. Neff

24. Das heilige Abendmahl. 1879–1887. Mosaik im dritten Rang der Hauptikonostase. 5,3 x 3,7 Meter. Nach einem Original von S. Shiwago

25. Die hl. Katharina. 1855–1862/63. Mosaik im ersten Rang der Hauptikonostase. 4,8 x 2,1 Meter. Nach dem Original von T. Neff

26. Der hl. Nikolaus. 1855–1862/63. Mosaik im ersten Rang der Hauptikonostase. 4,8 x 2,1 Meter. Nach dem Original von T. Neff

Fersman die Isaak-Kathedrale als zweite Schatzkammer für farbige Steine neben der Ermitage.

Verblüffend ist die Palette der Farbgebung der Wände und des gemusterten Boden, die Goldschattierungen der eleganten Skulpturen, die feinen Farbnuancen der Mosaiken und der Gemälde an Gewölben und Wänden. Ein Anziehungspunkt sind in dieser Hinsicht die Ikonenwände aus schneeweißem italienischen Marmor, der so herrlich mit den satten Tönen von Malachit und Lasurstein und vergoldeter Bronze in Kontrast tritt. Die hohlen Säulen der Hauptikonostase machen den Eindruck, als seien es Malachit-Monolithen. Auf einer bronzenen Schicht sind Lamellen aus sorgsam farblich und nach Musterung abgestimmtem Malachit angebracht. Die beiden mittleren Säulen der Ikonostase scheinen mit dunkelblauer Flamme aus sich heraus zu brennen – sie sind aus Badachschaner Lasurstein.

In Übereinstimmung mit dem Geist des herrschenden Historismus wurden dem Dekor der Kathedrale Elemente beigefügt, die in einer orthodoxen Kirche unüblich waren. So wurden auf Vorschlag des Architekten Leo von Klenze im Haptaltar Bleiglasfenster montiert. Damals waren in Europa die Glas-Kompositionen der Münchener Manufaktur sehr beliebt. Deshalb erhielt der Münchener Meister Max Ainmiller den Auftrag; seine Arbeit in Petersburg begann 1841 und war 1843 abgeschlossen. Das Glasfenster »Christi Auferstehung« besteht aus mit Blei verlöteten Teilen halbdurchsichtigen Buntglases. Christus steht vor einem gelbblauen Himmel, gehüllt in einen Purpurmantel mit Goldnähten, leuchtend grünen Smaragden und blasslila Amethysten. Heute wird das Bild zusätzlich von innen angestrahlt, was das Leuchten der Farben noch verstärkt.

27. Christi Auferstehung. 1841–1843.
Bleiglasfenster des Hauptaltars.
Fläche 28,5 Meter. Ausgeführt in der Königlichen Manufaktur zu München nach einer Zeichnung von L. von Klenze

28. Königstor des Hauptaltars.
Vergoldete Bronze, Mosaik. 7,5 x 4,5 Meter

Die Süd- und die Nordwand der Haupt-Ikonenwand trennen diese von den Seitenaltären. Die bogenförmigen Öffnungen mit den von Jaroslawler Meistern geschaffenen marmornen Engelsgruppen führen zu den in der Tiefe gelegenen kleinen Nebenaltären. Die Ikonenwand im Katharinen-Altar trägt die vergoldete Skulpturengruppe »Auferstehung«. Im Alexander-Newski-Altar ist es »Christi Verklärung«.

In seinem Entwurf für den Skulpturenschmuck der Kathedrale räumte Montferrand verschiedenen Stilelementen Platz ein. Die Anordnung der Standbilder in der zentralen Kuppel entsprach den Gesetzen des Klassizismus; der

29. K. Brüllow. Gottesmutter in Glorie. 1843–1845. Plafond der Hauptkuppel. Fläche 800 Quadratmeter

30. »Taube« – das Symbol des Heiligen Geistes – im Erker der Hauptkuppel

31. I. Vitali. Engelsfiguren. 1844–1845. Kupfer, Vergoldung. Höhe 6,4 Meter. Bilder mit der Darstellung der zwölf Apostel. 1843–1845. Höhe 4,75 Meter; Breite 3,31 Meter. Ausgeführt von P. Bassin nach Kartons von K. Brüllow

30

31

Schmuck der Gewölbe ist auf barocke Art prunkvoll und betont dekorativ; bei der Gestaltung der inneren Türen kam der Einfluß der italienischen Renaissance zum Ausdruck.

Die von den Bildhauern Iwan Vitali, Peter Klodt, Nikolai Pimenow u.a. für das Interieur der Isaak-Kathedrale geschaffenen Werke sind erstklassige Beispiele für die russische monumental-dekorative Plastik Mitte des 19. Jahrhunderts. Die führende Stellung bei der bildhauerischen Gestaltung sowohl der Innenräume als auch des Exterieurs gebührt zweifellos Vitali. Er bewältigte die Aufgabe, seine Plastiken mit der Architektur in harmonischen Einklang zu bringen, auf vorbildlichste Weise. In dieser Hinsicht ist die Kuppeltrommel am interessantesten. Die Engelsfiguren, die auf Beschluß der Heiligen Synode das Leben Christi symbolisieren sollten, bilden zusammn mit den Mauerstreifen Vertikalen, die der Trommel eine präzise Gliederung verleihen. Auf den Gewölben im Ostteil der Kathedrale sind Engel dargestellt, im Westteil – die Propheten. Allen verlieh Vitali die Stilistik des italienischen Barock aus dem 17. Jahrhundert. Bemerkenswert sind die drei großen Bronze-Innentüren, die in ihrer Komposition an die »Goldenen Türen« von Lorenzo Ghiberti im Florentiner Baptisterium erinnern. Die Sujets – die drei Abschnitte im Werden der orthodoxen Kirche – wurden ebenfalls von der Synode vorgegeben. Beide Flügel sind in Kassetten unterteilt. Die Darstellungen sind nach dem Prinzip der Dreidimensionalität aufgebaut, so daß die Illusion von Tiefe erzeugt wird, ohne die Fläche der Tür zu beeinträchtigen. Die reliefartigen Darstellungen auf der Südtür sind der Geschichte der alten Rus entnommen. Das Thema des rechten Türflügels sind Episoden aus dem Leben von Fürst Wladimir; die linke Seite ist Alexander Newski gewidmet.

Die Nordtür trägt die Legenden der Heiligen Isaak von Dalmatien und

32. F. Bruni. Die Vision des Propheten Hesekiel. 1851–1853.
Bemalung im Mittelteil der Kathedrale.
Fläche 240 Quadratmeter

32

33

34

Nikolaus von Myra, die Westtür eine Lebensbeschreibung der Apostel Petrus und Paulus. Viele dieser sehr interessanten Werke sind in akademischer Manier mit realistischen Elementen gehalten.

33. F. Bruni. Das jüngste Gericht. 1849–1853. Bemalung der Gewölbe im Mittelteil der Kathedrale. Fläche 240 Quadratmeter

34. Gottesmutter in Glorie. Detail des Plafonds der Hauptkuppel

35. Christi Geißelung. 1873–1885. Mosaik in der Attika des Mittelteils der Kathedrale. 3,7 x 2,65 Meter. Nach dem Original von P. Bassin

36. Kreuztragung. 1873–1885. Mosaik in der Attika des Mittelteils der Kathedrale. 3,7 x 2,65 Meter. Nach dem Original von P. Bassin

37. N. Alexejew. Zug des Volkes Israel über das Rote Meer. 1843–1847. Bemalung in der Attika des nordwestlichen Teils der Kathedrale. 10,7 x 3,7 Meter

35

36

37

Die Kathedrale schmücken mehr als 150 Bemalungen und Gemälde – die einzige Sammlung monumentaler Malerei dieser Art aus der ersten Hälfte des 19. Jahrhunderts. Die Werke stammen von den Vertretern der akademischen Malschule Karl Brüllow, Fjodor Bruni, Nikolai Alexejew, Pjotr Bassin u.a. Die Leitung der Malarbeiten hatte der Professor und Rektor der Petersburger Akademie der Künste Wassili Schebujew inne, den allgemeinen Entwurf zu Inhalt und Anordnung der Bemalungen lieferte jedoch Montferrand. Strengste Kontrolle übten zudem der Kaiser und die Heilige Synode aus. Auch während der Arbeiten tauchten ernste Probleme auf. Wegen der durch die Petersburger Klimabedingungen herrschenden Feuchtigkeit in der Kathedrale gelang es erst 1855, eine stabile Grundierung zu schaffen, erst 1858 waren die Arbeiten abgeschlossen.

Im Westteil des Gebäudes befinden sich Bilder zu alttestamentlichen Themen, im Ostteil Sujets aus den Evangelien. Das größte ist die 800 Quadratmeter große Bemalung in der

38. I. Vitali. Der Prophet Hesekiel. 1848.
Statue auf den Gewölben im Nordschiff. Kupfer; Galvanoplastik, Vergoldung. Höhe 4,32 Meter

39. Der hl. Alexander Newski und der hl. Isaak von Dalmatien. Detail des Plafonds der Hauptkuppel

40. Ikonostase des Alexander-Newski-Altars

38

39

41

Hauptkuppel, ausgeführt von dem berühmten russischen Maler Karl Brüllow. Diese Darstellung der von Heiligen umgebenen Gottesmutter vermittelt selbst an dunklen Tagen eine freudige Stimmung. Brüllow ging mit Begeisterung an die Ausführung des monumentalen Bildes, nach dessen Vollendung rief er aus: »Mir ist zu eng, ich würde jetzt den Himmel bemalen!« Doch die Arbeit unter der Kuppel der feuchten und noch nicht fertigen Kathedrale, bei der er ständig Marmorstaub einatmen mußte, untergruben die ohnehin schwache Gesundheit des Meisters. Auf Anraten der Ärzte begab er sich nach Italien, wo er bald darauf starb. Der Künstler hatte fast alle Hauptfiguren des Plafonds fertig gemalt und außerdem die Kartons mit den zwölf Aposteln für die Trommel unter den Fenstern vorbereitet. Nach Brüllows Tod führte Bassin diese Arbeit zu Ende.

Von 1846 bis 1853 schuf Fjodor Bruni mit seinen Schülern die zwölf Bilder auf den Gewölben und in der Attika. Brunis beste Arbeit in der Kathedrale ist die »Sintflut« im Westteil des Gebäudes. Die Komposition ist präzise und eingänglich und harmoniert mit der Architektur. Ins Auge fällt Brunis von ungeheurer geistiger Stärke erfüllte Darstellung des Propheten Hesekiel im Mittelteil der Gewölbebemalung.

Ein Sonderplatz in der Innenausstattung gebührt der Bemalung der Hauptpfeiler. Die Bilder in den Nischen der Py-

41. P. Bassin. Mariä Himmelfahrt. 1846–1849. Plafond der Kuppel im Katharinen-Altar. Fläche 120 Quadratmeter

42. Die hl. Anastasia. 1868–1880. Mosaik im zweiten Rang der Ikonostase im Katharinen-Altar. 1,3 x 1,6 Meter. Nach dem Original von T. Neff

43. N. Pimenow. Auferstehung. 1850er Jahre. Skulpturengruppe über der Ikonostase im Katharinen-Altar. Kupfer; Galvanoplastik, Vergoldung. Höhe 2,5 Meter

lonen sind den christlichen Festen gewidmet, die gewöhnlich im dritten Rang auf der Ikonostase ihren Platz haben. Eines der besten malerischen Werke in der Isaak-Kathedrale ist die »Darstellung im Tempel«; dargestellt ist die die Stufen zum Tempel erklimmende dreijährige Maria in Begleitung ihrer Eltern. Diese Arbeit sowie die Komposition »Mariä Geburt« stammt von dem bekannten Maler religiöser Szenen Timofej Neff.

Schwankende Temperaturen, unregelmäßige Belüftung und erhöhte Feuchtigkeit sind ungünstige Bedingungen für Malereien. So nahm man schließlich zur »ewigen Malerei« Zuflucht (wie der Theoretiker der Renaissancekunst Giorgio Vasari das Mosaik definierte). Die Arbeiten an den Mosaiken begannen 1851 und zogen sich bis zum Beginn des Ersten Weltkrieges hin. Aufgrund des Großauftrags für die Isaak-Kathedrale besorgte man in der Mosaikwerkstatt der Akademie der Künste in kürzester Zeit die Produktion von Mosaikglas – einer Legierung von Glas und Metallfärbemitteln. Dazu gehörte auch goldfarbenes Mosaikglas für den Hintergrund der Bilder.

Das erste Mosaik war »Christus der Erlöser« – die mittlere Ikone des unteren Rangs der Hauptikonostase. Danach

42

3

wurden alle anderen Mosaikbilder nach den Originalen von Timofej Neff angefertigt. Nach Vollendung der Arbeit an den Mosaiken für den ersten Rang machte man sich an die zweite Reihe. Am interessantesten sind in dieser Gruppe die Ikonen »Die hl. Katharina« und »Der hl. Nikolaus«. Ungewöhnlich wahrheitsgetreu ist die Wiedergabe des Goldes mit seinem weichen Glanz, des schimmernden Brokats, von Atlas, Samt und funkelnden Edelsteinen.

Im dritten Rang wurde lediglich das Bild »Das Heilige Abendmahl« von Semjon Shiwago durch ein Mosaik ersetzt. Diese unter dem Eindruck der berühmten Freske des Leonardo da Vinci ausgeführte Komposition zu einem der bekanntesten biblischen Sujets läßt vor dem Betrachter ein tiefes menschliches Drama erstehen. Psychologisch überzeugend wiedergegeben ist die ganze Bandbreite an Emotionen, die die Jünger durchmachen, denen Christus sagt: »Einer unter euch wird mich verraten.« An diesem Bild kann man sehr gut die überall in der Isaak-Kathedrale angewandte Methode der optischen Farbenmischung nachvollziehen, denn der auf den ersten Blick weiße Umhang Christi besteht in Wirklichkeit

45

46

aus den verschiedensten Farbabstufungen von Mosaikglas (insgesamt besitzen die Mosaiken an die 12.000 Farbtöne).

In den 1860er bis 1870er Jahren begannen die Arbeiten an den kleinen Ikonenwänden. Auch die Bemalungen der Zwickel der Hauptkuppel, in den Attiken und an den Pylonen wurden in »ewige Malerei« übertragen. Für die Attika des Mittelteils der Kirche wurden die Arbeiten »Der Judaskuß«, »Ecce homo«, »Geißelung« und »Kreuztragung« von Pjotr Bassin kopiert; die vier Evangelisten in den Zwickeln der Hauptkuppel und weitere Werke wurden in Mosaikbilder umgesetzt. 1862 wurden die Mosaiken der Isaak-Kathedrale auf der Weltausstellung in London gebührend gewürdigt; es wurde angemerkt, daß die Herstellung von Mosaikglas in Rußland »so vollkommen ist, wie nirgends in Europa.«

44. Südschiff. Ansicht vom Katharinen-Altar

45. T. Neff. Mariä Geburt. 1846–1848.
Gemälde in der Nische eines Hauptpfeilers. 3,7 x 1,7 Meter

46. T. Neff. Darstellung im Tempel. 1846–1848.
Gemälde in der Nische eines Hauptpfeilers. 3,7 x 1,7 Meter

47

48

Die Eröffnung der Isaak-Kathedrale fand am 30. Mai 1858 in Anwesenheit von Alexander II. und weiteren Mitgliedern der Zarenfamilie sowie hohen russischen Staatsmännern und Geistlichen statt. Der zentrale Altar der Kirche wurde eingeweiht, womit die Isaak-Kathedrale nicht nur die Hauptkirche der Hauptstadt, sondern eines der größten Zentren der Orthodoxie wurde. Zu den meistverehrten Heiligtümern zählte u.a. die Ikone »Nicht von Menschenhand erschaffener Erlöser«, die einst im Besitz von Peter I. gewesen war.

In sowjetischer Zeit wurde in der Isaak-Kathedrale eines der ersten antireligiösen Museen des Landes eingerichtet. Später wurde es in ein Geschichts- und Kunstmuseum verwandelt. Lange Jahre befand sich hier ein Foucaultsches Pendel, an dem sich die Achsendrehung der Erde beweisen läßt. Im Zweiten Weltkrieg wurde die Kathedrale »verletzt«: ein Artilleriegeschoß riß ein großes Stück Granit aus einer Säule der westlichen Säulenhalle. In den ersten Monaten der Belagerung fanden unschätzbare Werte aus den Vorortmuseen von Peterhof, Puschkin, Pawlowsk, Gatschina sowie aus dem Sommerpalast Peters I. und dem Museum für Stadtgeschichte Asyl unter den mächtigen Gewölben der Kathedrale. In den 1950er und 1960er Jahren wurden umfangreiche Restaurierungsarbeiten durchgeführt. Vor kurzem kam die bronzene und versilberte Taube – das Symbol des Heiligen Geistes – an ihren angestammten Platz zurück, wo jahrzehntelang das Foucaultsche Pende hing

Heute ist die Isaak-Kathedrale ein Museum für die russische Kirchenarchitektur und darstellende Kunst der ersten Hälfte des 19. bis Anfang des 20. Jahrhunderts. In der Kirche werden große Festgottesdienste abgehalten, in ihren Mauern erklingt orthodoxe geistliche Musik

47. Der Evangelist Matthäus. 1882–1901. Mosaik im Zwickel der Hauptkuppel. Höhe 8,2 Meter. Nach dem Original von K. Brüllow, P. Bassin

48. F. Bruni. Die Schöpfung des Mondes und der Sonne. 1845–1853. Bemalung auf den Gewölben im westlichen Teil der Kathedrale. Fläche 43,85 Quadratmeter

49. Interieur der Kathedrale

ERMITAGE

PLAN DER SÄLE UND AUSSTELLUNGEN

WINTERPALAST
KLEINE ERMITAGE
ALTE ERMITAGE
NEUE ERMITAGE

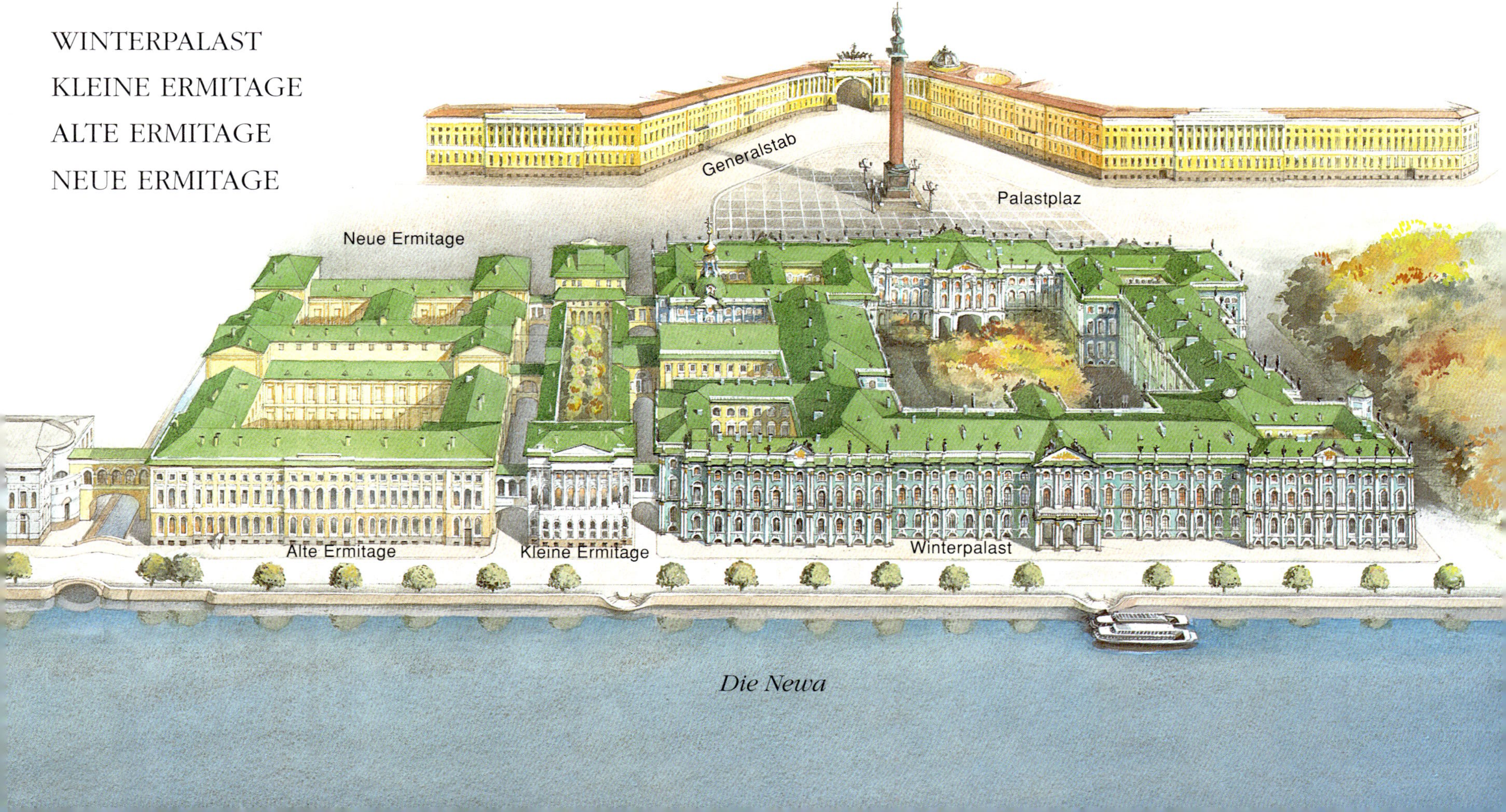

Zweites Geschoß

Säle der französischen Kunst des 19. bis Anfang 20. Jh.
Säle der deutschen Kunst und anderer europäischer Länder des 19. bis Anfang 20. Jh.
Säle der italienischen Kunst des 20. Jh.
Säle der Kultur und Kunst des Ostens (China, Indien, Indonesien, Iran, Syrien, Byzanz)
Abteilung der Numismatik

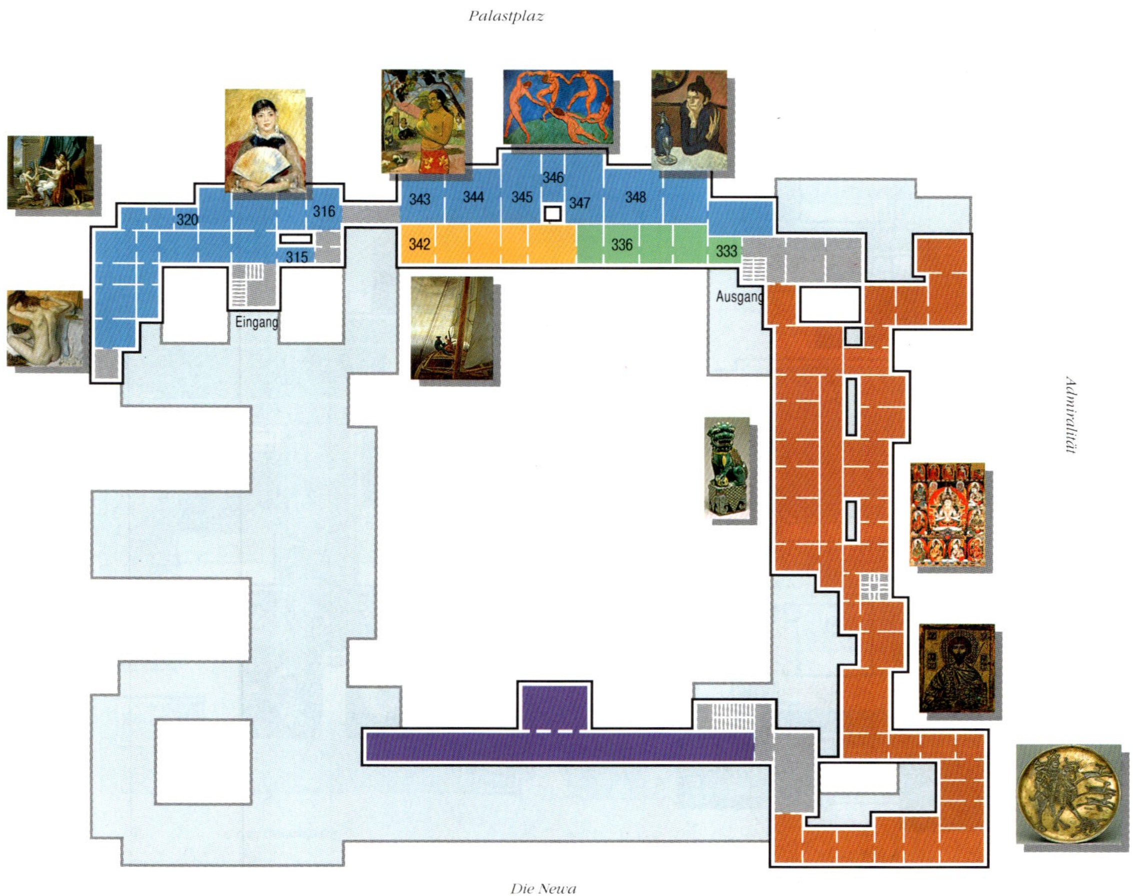

1 Paradetreppe (Jordanstreppe)
2 Paradetreppe (Terebenev-Treppe)
3 Sovjetskaja-Treppe

Café
Garderobe

315 – Rodin-Saal
316–320 – Säle der Impressionisten und Postimpressionisten
333 – Kandinsky-Saal
336 – Morandi-Saal
342 – Friedrich-Saal
343–346 — Matisse-Säle
347–348 — Picasso-Säle

Планы Эрмитажа на немецком языке